Besinnung
IM ALLTAG

Nimm dir Zeit ...

jeden Tag – ein paar Minuten nur für dich:
Durchatmen, zur Ruhe kommen, loslassen.
Egal, ob du einen Spaziergang machst,
mit einer Tasse Tee den Blick aus dem Fenster
genießt oder einfach nur schaust,
nach außen und nach innen ...

Gönne dir diese Momente, die so wertvoll sind.

Bei dir selbst muss also
deine *Besinnung* anfangen.

Bernhard von Clairvaux

Wir können die Zeit nicht anhalten,
aber innehalten können wir
zu jeder Zeit.

Kurt Haberstich

Die Stille kann dich überraschen,
wenn du dich auf sie einlässt.

Dagmar C. Walter

Einsamkeit suchen die Menschen
auf ländlichen Fluren, am Meeresufer, in den Bergen.
Doch einer wie beschränkten Ansicht
entspringt dieser Wunsch! Kannst du dich doch,
sooft du nur willst, in dich selbst zurückziehen.
Gibt es doch nirgends eine stillere
und **ungestörtere Zufluchtsstätte**
als die Menschenseele.

Marc Aurel

Um den Reichtum unseres Lebens
erfassen zu können, sollten wir uns
täglich Zeit nehmen,
uns zu sammeln.

Ernst Ferstl

Besinnung

auf das Wesentliche

ist der beste Weg, stressige Zeiten

gelassen zu meistern.

Marielle Schumann

Nur für heute werde ich keine Angst haben.
Ganz besonders werde ich keine Angst haben,
mich an allem freuen, was schön ist.
Und ich werde an die Güte glauben.

Papst Johannes XXIII.

Freude beruht auf dem frohen Glauben,
dass das Gute überwiegt.

Helen Keller

Das Gute und Schöne in unserem Leben.
Es in allen Dingen zu erkennen und zu sehen,
sich darüber zu freuen, daran zu wachsen,
es vorzuleben, es anderen nahezubringen,
es in unserem Handeln zu beweisen ist,
eine Menschen-Aufgabe zu leisten.

Horst Reiner Menzel

Es gibt kaum ein
beglückenderes Gefühl als zu spüren,
dass man für andere Menschen
etwas sein kann.
Dietrich Bonhoeffer

Beginne an keinem Tag
deine Arbeit, ehe du einem Menschen
ein *gutes Wort* gesagt hast.

Ludwig Köhler

Liebe und Güte sind der Grundstock,
für ein Miteinander.

Hildegard Buhmann

Die Welt bedarf nicht ständig
neuer Maßnahmen,
sondern der **Rückbesinnung**
auf die göttlichen Werte.

Walter Reisberger

Die wertvollsten Gedanken
suchen uns heim, wenn wir
zur Besinnung kommen.

Ernst Ferstl

Finde den Eingang
zu jenem stillen Raum in dir selbst,
setz dich und *spüre den Frieden,*
schließ die Augen und atme das Glück,
so bleibst du wahrhaftig.

Angelika Emmert

Aus dem Frieden im Herzen
ergibt sich die *Zufriedenheit*
im Leben.

Marion Rabe

Das Beste, was wir uns antun können,
ist das, was wir nicht haben können,
möglichst zu übersehen, und das, was wir haben,
möglichst hoch im Wert zu halten.

Peter Rosegger

Der Glaube
ist ein besserer Ratgeber als die Vernunft.
Die Vernunft hat Grenzen, der Glaube keine.

Blaise Pascal

In den entscheidenden Fragen
des Glaubens und Lebens
gibt es keine Abkürzungen.
Da muss man sich Zeit lassen
und **Geduld haben**
mit sich und den anderen.

Franz Kamphaus

Alles kommt, wie es kommen soll –
hab Geduld und Vertrauen und **alles wird sich weisen.**

Silvia Petritsch

Im tiefen Vertrauen auf Gott,
erübrigt sich vieles von selber.

Friederike Weichselbaumer

Ich weiß, dass ich
jemanden in meiner Nähe habe,
dem ich rückhaltlos vertrauen kann,
und das ist etwas,
was **Ruhe und Kraft gibt.**

Edith Stein

Der Himmel ist in dir, wenn du achtsam dein Leben wahrnimmst.

Johanna Rückert

Willst du
in Frieden mit dir selbst leben,
dann versuche nicht, mehr zu sein als du bist,
aber sei das, was du bist, ganz.

Richard Wagner

Glaube an dich selbst, Mensch,
glaube an den **inneren Wert** deines Wesens.

Johann Heinrich Pestalozzi

Der Kern des Glücks:
Der sein zu wollen,
der du bist.

Erasmus von Rotterdam

Das Beste
für das innere Gleichgewicht
sind **kleine Pausen**
draußen in der Natur.
Irmgard Erath

Blicke in die schöne Natur
und beruhige dein Gemüt!

Ludwig van Beethoven

Die Natur malt uns Bilder
unendlicher Schönheit,
Tag für Tag,
wenn wir nur Augen haben,
sie zu sehen.

John Ruskin

Friede entsteht aus **Achtsamkeit**
für den Augenblick.

Marion Blum

Die Sonne erwacht,
schenkt dir einen neuen Tag
voll *Licht und Wärme.*

Ulla Keleschovsky

Ein Spaziergang
am frühen Morgen ist
ein Segen
für den ganzen Tag.

Henry David Thoreau

Leben ist oft eine Grenzerfahrung.
Glück und Traurigkeit liegen nahe beieinander.
Hoffnung ist die tragende Kraft, um
in jedem Tag einen Anfang zu sehen.

Elfriede Engel

Aus Gottvertrauen leben:
Das ist wie ein offenes Fenster der Hoffnung
im Haus unseres Daseins.

Johannes Kuhn

Hoffnung und Glaube
sind die Begleiter, die der Mensch braucht,
um den einzig wahren Weg,
den *Weg des Herzens* zu gehen.

Marion Rabe

Das Auge sieht weit,
doch *das Herz* schaut tiefer.

Jürg Jaggi

Es ist ein gutes Zeichen,
dass es *suchende* Menschen gibt.

Friedrich Wetter

Wer gesammelt in der Tiefe lebt, sieht auch
die kleinen Dinge
in großen Zusammenhängen.

Edith Stein

Fröhlichkeit ist die Sonne,
die alles zum Blühen bringt.
Herbert Madinger

Mit wachen Augen in die Welt blicken,
so erkennen wir Licht und Schatten,
behalten uns den Glauben an
alles Lebendige und Schöne und spüren,
auch schwere Zeiten gehen vorüber,
wenn wir dankbar bleiben und auf allen
Wegen Mut und Hoffnung bewahren.

Angelika Emmert

Aufgabe des Lebens,
seine Bestimmung ist Freude.
Freue dich über den Himmel, über die Sonne,
über die Sterne, über Gras und Bäume,
über die Tiere und die Menschen.

Leo Tolstoi

Lebenskunst heißt, aus jedem Tag etwas Gutes schöpfen.

Lieselotte Schulz

Güte in deinen Gedanken schenkt *tiefen Frieden.*

Roswitha Bloch

Wenn ein Mensch *seine Gedanken*
über Menschen und Dinge ändert, dann
wird er erfahren, dass sich Dinge und Menschen
auch ihm gegenüber ändern.

James L. Allen

Brücken zwischen den Menschen
sind die anspruchsvollsten Bauwerke.

Matthias Blaha

Behandle die Menschen so,
als wären sie, was sie sein sollten,
und du hilfst ihnen zu werden,
was sie sein können.

Johann Wolfgang von Goethe

Das größte **Geheimnis des Glücks** ist,
mit sich im Reinen zu sein.

Bernard le Bovier de Fontenelle

Ich muss den Saiten meines Gemütes
jeden Tag einige Ruhe gönnen,
um sie gleichsam von neuem aufzuziehen,
damit sie den rechten Ton und Ausklang behalten.
Am besten gelingt mir dies in der Einsamkeit,
aber nicht im Zimmer, sondern in den
stillen Stunden der freien Natur.

Luise von Mecklenburg-Strelitz

Geh deinen Weg ruhig
inmitten von Lärm und Hast,
und wisse, welchen Frieden
die Stille schenken mag.

Altirischer Segenswunsch

Der Mensch reift in der *Stille.*

Peter E. Schumacher

Die Augenblicke, in denen wir *innehalten*, sind kostbar.

Voltaire

Die Stille stellt keine Fragen.
Aber sie kann uns auf alles
eine Antwort geben.

Ernst Ferstl

Jeder Tag bietet eine Möglichkeit,
lieben zu können, wachsen zu können.

Carol Ann Hierl

Das Bewusstsein,
dass es Menschen in der Nähe gibt,
die Sorge und Sinn für einen haben,
ist so oft ein **guter Trost.**

Alfred Delp

Begegnungen mit Menschen können
unserem Leben entscheidende Wendungen geben.
Begegnungen enthalten immer die Chance,
über unser bisheriges Leben nachzudenken,
es zu korrigieren und neue Schritte zu tun.

Martin Bogdahn

Bedenke, dass jemand, der an deine Tür klopft,
vom Himmel geschickt sein könnte.

aus Irland

Lasst uns dankbar sein

gegenüber Menschen, die uns glücklich machen.
Sie sind liebenswerte Gärtner, die unsere Seele
zum Blühen bringen.

Marcel Proust

Es gibt kein Glück,
das nur sich selbst leuchtet.
Ein jedes Glück
erhellt die Welt.
Hans Margolius

Ein Lächeln von Mensch zu Mensch
vermischt die Freude des einen
mit der des anderen, es hält gesund
und stärkt die Seele.

Elfriede Engel

Ab und zu ein wenig Stille
und ein **aufmerksames Herz** lassen uns
auch die ganz kleinen Freuden entdecken,
die immer irgendwo im Alltag
verborgen sind.

Irmgard Erath

Man muss das Leben so einrichten,
dass *jeder Augenblick* bedeutungsvoll ist.

Iwan Turgenew

Das, was täglich im Leben zählt,
ist nicht für Geld zu haben.

Peter Friebe

Der Himmel auf Erden
wird durch die rechte Einstellung
zu den Kleinigkeiten
des Alltags geschaffen.

Prentice Mulford

Da wird es hell
in unserem Leben,
wo man für das Kleinste
danken kann.

Friedrich von Bodelschwingh

Wenn wir dankbar werden
für das Gute in unserem Leben,
können wir **inneren Frieden finden.**

Ottilia Maag

Wenn uns eine Sache fehlt,
sollte uns das nicht davon abhalten,
alles andere in vollen Zügen
zu genießen.

Jane Austen

Manchmal heißt Menschsein einfach,
Momente der Muße zu genießen.

Kirsten Schwert

Gönnen wir uns stille Momente,
lassen wir unsere Gedanken wandern,
entlang der Bäume und Wege,
dann finden wir neue Stärke,
eine Klarheit, die uns wie eine Quelle
erfrischt und belebt.

Elfriede Engel

Denn der Raum des Geistes,
dort, wo er seine Flügel öffnen kann,
das ist die Stille.

Antoine de Saint-Exupéry

Die Stille ist das Element
besinnlicher Gedanken.

Yvonne Mölleken

Mögest du Ruhe finden,
wenn der Tag sich neigt und
deine Gedanken noch einmal
die Orte aufsuchen, an denen du
heute Gutes erfahren hast.

Irischer Segenswunsch

Gönne dich dir selbst.
Sei wie für alle anderen Menschen
auch für dich selbst da.

Bernhard von Clairvaux

Es ist manchmal ein gutes Mittel,
die notwendige Einsamkeit zu sichern,
damit man sich auf **etwas konzentrieren kann,**
was man tiefer erforschen will.

Vincent van Gogh

Gönne dir auch Ruhe,
denn in Ruhe kommst du wieder zu dir,
sammelst Kraft, bist ausgeglichen, strahlst,
und lässt alle teilhaben.

Bruno O. Sörensen

Aus Ruhe und Besinnung erwächst die Kraft
zu neuen Unternehmungen.

Walter Reisberger

Achte auf dich selbst.

Sorge für Ruhe und Ausgeglichenheit,

damit dein Ich sich entfalten kann.

Angelika Emmert

Ausruhen ist keine Zeitverschwendung, sondern
ein dankbares Annehmen aus des Lebens wahrer Fülle.

Kurt Haberstich

In der Krankheit habe ich gelernt, die kleinen
und doch so **wichtigen Dinge zu schätzen,**
von denen ich früher glaubte, ich hätte keine Zeit,
sie zu beobachten – das Spiel eines Kindes,
das Singen der Vögel im Wald, die Musik,
die sich nicht in Worte fassen lässt.

unbekannt

Das Wichtigste im Leben ist nicht machbar,
sondern wird einem *geschenkt.*

Anton Kner

Alles, was ich *heute tue,*
ist wichtig, gebe ich doch
einen ganzen Tag meines Lebens
dafür her.

George Bernard Shaw

Durch einen **bedachten Umgang** mit der Zeit,
weitet sich das Bewusstsein für Wesentliches.
Friederike Weichselbaumer

*Inneren Frieden wird nur erlangen,
wer Unwesentliches unbeachtet lässt und sich
allein um Wesentliches besorgt.*

Bernhard von Clairvaux

Ein jeder Mensch besitzt die Kraft,
ein Leben in *Erfüllung und Freude* zu führen.

unbekannt

Haben wir doch keine Sorge um das Morgen;
denken wir nur daran, *das Heute gut zu machen;*
und wenn der morgige Tag kommt,
heißt es auch wieder heute, und dann
werden wir an ihn denken.

Franz von Sales

Das Herrlichste in der Welt ist,
einen *neuen Tag* werden zu sehen!
Maxim Gorki

Jeder Tag
soll und muss einen *Sinn haben,*
und erhalten soll er ihn nicht vom Zufall,
sondern von mir.

Rainer Maria Rilke

Das Leben zählt nicht in Jahren,
sondern *in Augenblicken.*

Thomas Romanus

Es gibt Augenblicke in unserem Leben,
in denen *Zeit und Raum* tiefer werden
und das Gefühl des Daseins
sich unendlich ausdehnt.

Charles Baudelaire

Selig sind die Stunden des Nichtstuns,
denn in ihnen arbeitet unsere Seele.

Egon Friedell

Die Seele ernährt sich von dem,
worüber sie sich freut.
Augustinus von Hippo

Dein Lebensglück

ist wie ein Vogel, den du liebst.
Du nährst ihn mit den Körnern deines Herzens
und tränkst ihn mit dem Licht
deiner Augen.

Khalil Gibran

Das Glück ist überall,
wo die Leute Augen dafür haben.

Raoul Follereau

Wer im Bescheidenen
das Kostbare entdeckt,
findet so manches Glück
im Alltag.
Kurt Haberstich

Wir Menschen beklagen uns oft, dass
der guten Tage so wenig sind und der schlimmen so viel,
und, wie mich dünkt, meist mit Unrecht.
Wenn wir immer ein offenes Herz hätten,
das Gute zu genießen, das uns Gott für jeden Tag bereitet,
wir würden alsdann auch Kraft genug haben,
das Übel zu tragen, wenn es kommt.

Johann Wolfgang von Goethe

Es ist nicht nötig,
dass wir die Zukunft wissen;
wir bedürfen nur
der Kraft für heute.

Charles Haddon Spurgeon

Der Mittelpunkt des Lebens ist: Heute!
Carola Otterstedt

Wahres Glück ist
die Harmonie in uns
und um uns.

Renate Nußbaumer

Nur tief in dir
findest du den Menschen,
der dein Leben verändern kann.

Elfriede Engel

Die Kunst des Bleibens
beherrschen wir, wenn wir gelernt
haben, bei uns selbst zu bleiben,
uns selbst treu zu bleiben,
es mit uns auszuhalten, ohne
falsche Kompromisse und ohne
Selbstbetrug.

Basilius Doppelfeld

Das Geheimnis für ein glückliches Leben
mit einem geliebten Menschen heißt:
Versuche nicht, ihn zu verändern.

Jacques Chardonne

Das Wertvollste, Wichtigste im Leben
kann ich nicht festhalten. Es bleibt von allein – in mir.

Sonja Recknagel

Nicht dort, wo deine Gedanken sind,
ist das Paradies.
Nicht da, wo deine Wiege steht,
ist deine Heimat.
Nicht, wo man dich auf Händen trägt,
wohnt die Liebe.
Die Antwort heißt: In dir drin!

Silke Förster

Die Welt ist voll
alltäglicher *Wunder.*
Martin Luther

Der Glanz des Alltags
entsteht durch die unscheinbaren
kleinen Kostbarkeiten,
die uns die Natur schenkt.

Marielle Schumann

Wenn wir jeden Tag einen Gedanken oder
einen schönen Moment finden,
der es wert ist aufgehoben zu werden,
dann sind wir recht schnell im Besitz
einer wertvollen Sammlung.

Yvonne Mölleken

Wer morgen glücklich sein will, muss heute für *schöne Erinnerungen* sorgen.

Ellen Sonntag

Es muss eine Stunde am Tag geben,
wo der planende Mensch
all seine Pläne vergisst und handelt,
als hätte er überhaupt keine.

Thomas Merton

Muss man Flügel haben,
um auf die Suche
nach sich selbst zu gehen?
Man braucht sich nur in die
Einsamkeit zu begeben.

Teresa von Avila

Ruhe ist *für die Seele* der Anfang der Reinigung.

Basilius der Große

Die besten und
schönsten Dinge auf der Welt
kann man weder sehen noch hören.
Man muss sie
mit dem Herzen fühlen.

Helen Keller

Höre jeden Tag **in dich hinein,**
damit du erfährst,
was deine innere Stimme
dir sagen will.

Patrice Jeancourt

*Die ursprüngliche Weisheit ist Intuition,
während alles spätere Wissen
angelernt ist.*

Ralph Waldo Emerson

Das Licht deines Herzens
weise dir den Weg,
damit Gott gegenwärtig ist
in allem, was du tust.

Altirischer Segenswunsch

Aus dem Licht des Augenblicks
lässt sich Kraft für *die Zukunft* schöpfen.

Friederike Weichselbaumer

Aber es liegt nicht so viel dran,
wie wir es um uns, sondern
wie wir es in uns haben,
darauf kommt es in der Welt an!

Hans Christian Andersen

Gute Gedanken in die Welt senden heißt:
andere glücklich machen.
Gute Gedanken im Herzen tragen heißt:
sich selbst bereichern.

Christin Astra

Die Gelegenheit, den Menschen
große Dienste zu erweisen, ist nicht sehr häufig.
Dagegen kann man auf Schritt und Tritt
jemandem *eine kleine Freude machen,*
wenn es auch bloß ein freundlicher Gruß wäre.

Carl Hilty

Auf der Welt lebt keiner vergebens,
der die Bürde eines anderen leichter zu machen sucht.

Helen Keller

Freue dich, soviel du kannst; Freude macht stark.

Dietrich Bonhoeffer

Frohsinn und Fröhlichkeit
gehören zu den wunderbarsten und reichsten
Kraftquellen für die Seele.

Johannes Messner

Alle Stärke liegt innen, nicht außen.

Jean Paul

Mögest du dir die Zeit nehmen,
die **stillen Wunder** zu feiern,
die in der lauten Welt
keine Bewunderer haben.

Altirischer Segenswunsch

Wird dir der Lärm der Welt zu viel,
dann schließ die Tür und
öffne dein Herz der Stille.
Justus Paul

Schweigen ist nicht nur Nicht-Sprechen,
sondern bewusstes **Erleben der Stille,**
Ausschwingung der Erregungen und Bewegungen,
körperlich und innerlich.
Man sammelt sich, gewinnt Kraft und
kommt wirklich zu sich selbst.

Marcel Proust

Du kannst das Leben nicht verlängern,
noch verbreitern, *nur vertiefen.*

Gorch Fock

Alles Große,
das Menschen je geleistet haben,
geht aus der Einsamkeit,
aus der Vertiefung
geistigen Schauens hervor.

Peter Rosegger

An Erfahrung fehlt es uns nicht,
aber an der Gemütsruhe,
wodurch das Erfahrene ganz allein klar,
wahr und dauerhaft wird.

Johann Wolfgang von Goethe

Alles, was dir begegnet,
will dir helfen *zu reifen*.
Anne Hamacher

Die Erfahrungen sind wie die Samenkörner,
aus denen **die Klugheit** emporwächst.
Konrad Adenauer

Das Leben ändert sich

und wir mit ihm.
Aber das ist unser Weg,
und alles Erlebte
sind Erfahrungen, durch die wir
wachsen und reifen.

Elfriede Engel

Der Dank für Schönes, das gewesen,
gibt Kraft, den Augenblick zu leben und
Mut, getrost nach vorn zu sehen.

Matthias Blaha

Die Zuversicht lenkl neue Kraft,
die immer wieder Hoffnung schafft.

Günter Goepfert

Lasst uns stets das Beste hoffen,
dann steht uns der Himmel offen.
Walter Reisberger

Glück ist,
die Stille eines Morgens ganz
für sich allein zu haben.

Marion Blum

Am Morgen, denke daran,
wer die Sonne aufgehen lässt,
am Mittag, denke daran
wer dir durch den Tag hilft,
und am Abend denke daran,
dem zu danken, der dich bis
hierher begleitet hat.

Altirischer Segenswunsch

Wenn ich mitten im Alltag innehalte und gewahr werde, wie viel mir geschenkt ist, werden die zahllosen Selbstverständlichkeiten zu einer **Quelle des Glücks.**

Gustave Flaubert

Steht es dir doch frei,
zu jeder Stunde
dich auf dich selbst zurückzuziehen.
Gönne dir recht oft dieses
Zurücktreten ins Innere
und kräftige so dich selbst.

Marc Aurel

Wir sollen jeden Tag
wie ein **neues Leben** beginnen.

Edith Stein

Versuche unter allen Umständen
manchmal ganz mit dir alleine zu sein.
Begrüße dich selbst und erforsche,
was deiner Seele Flügel verleiht.

George Herbert

Die größte Quelle,
aus der du schöpfen kannst,
bist du selbst.

Hilla Olnhoff

Textnachweis: Wir danken allen Autoren bzw. deren Erben, die uns freundlicherweise die Erlaubnis zum Abdruck von Texten erteilt haben, sowie dem Jazzybee Verlag für den Text von James Allen, aus James Allen, Wie ein Mensch im Herzen denkt @ Jazzybee Verlag, 2018 und Herrn Ernst Ferstl für seine Texte, Ernst Ferstl, www.gedanken.at.

Bildnachweis: Cover, S. 143: thsulemani/Shutterstock.com; S. 2, 6, 8, 17, 30, 36, 40, 72, 75, 93, 100, 103, 106, 124, 135, 136: Rike_/iStock/Getty Images; S. 4: ZenShui/Laurence Mouton/PhotoAlto Agency RF Collections/Getty Images; S. 11: Chan Srithaweeporn/Moment/Getty Images; S. 13: twomeows/Moment/Getty Images; S. 15: Travelpix Ltd/Stone/Getty Images; S. 19, 50, 68, 77: the_burtons/Moment/Getty Images; S. 21: blackred/iStock/Getty Images; S. 23: Marco Bottigelli/Moment/Getty Images; S. 24: RomoloTavani/iStock/Getty Images; S. 26: Max Streichardt/500px/Getty Images; S. 28: anyaivanova/iStock/Getty Images; S. 33: Santiago Urquijo/Moment/Getty Images; S. 34: vencavolrab/iStock/Getty Images; S. 39: Joern Siegroth/Moment/Getty Images; S. 43: Raimund Linke/The Image Bank/Getty Images; S. 45: Torsten Irmer/Getty Images; S. 46: Malorny/Getty Images; S. 48: Achim Thomae/Moment/Getty Images; S. 53: Juana Mari Moya/Moment/Getty Images; S. 54: johan10/iStock/Getty Images; S. 56: 130920/Moment/Getty Images; S. 59: dropStock/iStock/Getty Images; S. 61: Photos by R A Kearton/Moment/Getty Images; S. 63: Oksana Schmidt/Moment/Getty Images; S. 64: borchee/E+/Getty Images; S. 67: AlexanderNovikov/iStock/Getty Images; S. 70: fhm/Moment/Getty Images; S. 78: CatLane/iStock/Getty Images; S. 80: SimonSkafar/Getty Images; S. 82: Maria Korneeva/iStock/Getty Images; S. 86: mammuth/Getty Images; S. 88: Westend61/Getty Images; S. 90: Karl Hendon/Moment/Getty Images; S. 95: Albert Fertl/Moment/Getty Images; S. 96: Cavan Images/iStock/Getty Images; S. 99: jimfeng/iStock/Getty Images; S. 104: Stivog/Getty Images; S. 109: TERADAT SANTIVIVUT/Moment/Getty Images; S. 110: Juergen Bauer Pictures/iStock/Getty Images; S. 112: Jorg Greuel/Stone/Getty Images; S. 114: GMVozd/E+/Getty Images; S. 117: mammuth/E+/Getty Images; S. 118: Jordan Parks Photography/Moment/Getty Images; S. 121: Matt Anderson Photography/Moment/Getty Images; S. 122: Michael Lee/Moment/Getty Images; S. 126: Sergio Amiti/Moment/Getty Images; S. 128: Sasipa Muennuch/Moment/Getty Images; S. 131: thethomsn/Moment/Getty Images; S. 132: amenic181/iStock/Getty Images; S. 139: Gaschwald/iStock/Getty Images; S. 141: mikroman6/Moment/Getty Images. Illustrationen: stock.adobe.com/Marisha und stock.adobe.com/venimo.

Cover: Alicia Terry
Layout: Doris Wohofsky
Satz: Peter Ball, Media Diversified GmbH
Gesamtherstellung: Levent Ofset, Istanbul

Besinnung im Alltag
GTIN 978-3-8485-0286-8

www.groh.de

FSC
www.fsc.org
MIX
Papier | Fördert gute Waldnutzung
FSC™ C043979

1 2 3 4 5